Découvrez l'histoire par les archives de presse

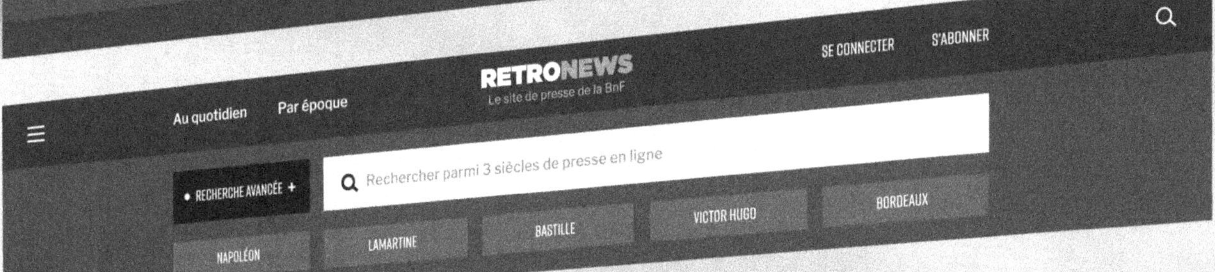

RETRONEWS

Le site de presse de la BnF

www.retronews.fr

Rédaction : 66, Rue Claude-Bernard, PARIS

La Renaissance Provinciale

❧ ❧ DE FRANCE

Société d'Études et de Vulgarisation des Coutumes et Arts provinciaux

❧ ❧ ❧ ❧

2ᵉ Année ❧ Sommaire du Nᵒ 12

Directeur : Dʳ Le Fur. ❧ ❧ ❧ ❧ ❧   *Secrétaire de la Rédaction :* Hugues Lapaire.

Au Mois des Pommes, par Jos Parker. — *Boujou donc la Compagnie* (vieille chanson du Berry), recueillie par M. L. Farge. — *La Gerbaude*, par Hugues Lapaire. — *Sur un Soir*, par Frédéric Nouet. — *Chronique régionaliste.*

❧ ❧

Adresser toutes les communications concernant la revue ❧ ❧ ❧ ❧ ❧ ❧ ❧ ❧ ❧ ❧ ❧ à **M. Hugues Lapaire, 66, rue Claude-Bernard.**

— Le Secrétaire reçoit les Jeudis de 3 à 6 heures.
— Les manuscrits non insérés ne sont pas rendus.
— La R. P. rend compte des livres, revues, plaquettes et documents régionalistes.

Prix de l'abonnement : Un an, **6** francs.

LE FURETEUR DE LA PRESSE

COUPURES DE JOURNAUX ET REVUES

5, Cité Bergère, PARIS (IXᵉ)

DUBOIS ET ROBERT ❧, DIRECTEURS

Vient de paraître :

Le Costume en Provence

Par J. CHARLES-ROUX

2 volumes in-4ᵒ, illustrés de vingt-deux planches en couleurs hors texte et de six cent cinquante trois dessins originaux et illustrations dans le texte. Sur papier vélin **50** fr. Sur papier du Japon : **100** fr.

Au Mois des Pommes

Nature, quand l'artiste est conduit par son art,
Comme avec chaque objet tu charmes son regard!
En longeant un verger dont me plut l'ombre grande,
J'ai vu de la fumée au-dessus de la lande.
La légère vapeur montait sur le ciel pur,
Et les rameaux pourprés se baignaient dans l'azur.
Un pâtre sous l'ombrage avait conduit ses vaches
Qui paissaient dans un cercle autour de leurs attaches.
C'était à l'heure ambrée où, quand l'Automne est doux,
Le soleil met de l'or sur les feuillages roux.
L'arbre se dépouillait. Une bête laitière,
Les pis gonflés, meuglait à sa fraîche litière.
Une odeur de fruits mûrs, à l'approche du soir,
En marquant la saison, rappelait le pressoir.
Sur l'herbe, en attendant que se cuise une pomme,
Auprès d'un feu d'ajoncs l'enfant faisait un somme.
« Oh ! dis-je, émerveillé que cela soit si beau,
« Ce pâtre, ce rayon, et voilà le tableau !
« Nature, charme-nous par un simple modèle,
« Mais enseigne à notre art les secrets qu'il recèle ! »

Jos PARKER.

Extrait du recueil *Le Pommier breton*, à paraître prochainement.

Bonjou donc la Compagnie

ou la Demande en Mariage

Vieille chanson du Berry.   *Recueillie par M. L. FARGE.*

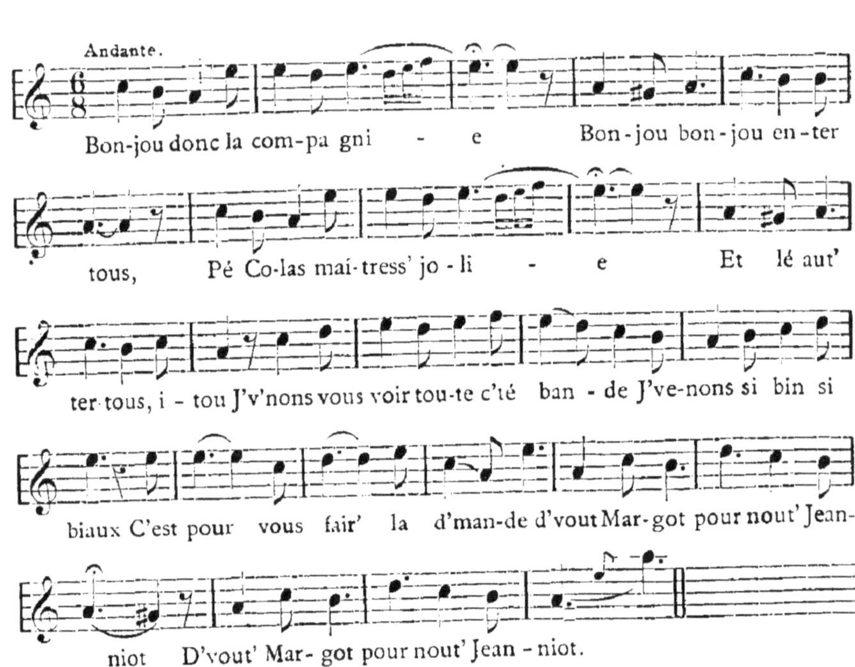

2

A vous bonjou, maît' Pierrette,
Comment y vont tous cheux vous?
Pé Colas, la mée Nannette
Et les aut' tertou itou.
Tapez-vous su c'té bancelle,
Fait' assiésé vout grand gars ;
Qu'i nous baille des nouvelles
D'tout vout' mond' dé par là-bas !

3

Fait' esscuse à moun hardiesse,
Moi j'eum' pas les embarras ;
V'lez ti dounner vout' drôlesse
En mariage à nout' grand gars ?
Al' y baill' dans la voyure,
A l'eumer si ben, si biau,
Qu'all y voit sa portraiture
Dans les yeux à nout' tauriau.

4

Nout' fille a tir' ben les vaches,
A sait ben faï bouer' les viaux,
Ariez l'soir a les attache
Pour fair' manger nos igniaux.
C'est ben z'elle qui fait la soupe
Aux charr'tiers et aux batteux,
Ariez elle qui la coupe
Enter' tous nos moissonneux.

5

Pour la Margot, ma grandine,
C'est pas pour vous la bouzer,
La drôlesse al' est ben fine
Pour coud', ariez pour filer.
La gaillarde al' est pas bête
Pour rabiller un sarriau,
Mett' boutons à des guêt'es,
Ariez y mette un vanniot.

6

Des maniér's dé vouté fille
Vraiment j'sons m'naise tertous,
Je la trouvons ben gentille,
Al' f'ra nout' affaire itou...
A sa future bell'-mère
A plaît, vrai, c'est épatant !
Ariez nous aut' j'espère
Qu'a nous aimera z'autant ?

7

Nout' richesse al' est pas forte,
Comm' vous j'somm' des p'tits fermiers !
Mais nout' gars y vous apporte
Deux bons bras pour travailler.
D'yeu marier, y sont en âge,
Tous deux, j'cré, y s'eumont ben !
Faut donc que le mariage
Y s'fasse le mois prochain.

8

Ariez, pour que rin s'démanche,
Dré c'soir allons cheux l'Curé...
Les bans publierons dimanche,
Ça s'ra pus vit' terminé...
C'est y vout' avis, maîtresse ?...
Et ben quoi ? v'là qu'vous pleurez !
Bah ! fait' vous pas d'tristesse,
Savez ben qu' faut s'séparer !!...

9

Quoiqu' ça nous fass' ben d'la peine
D'voir parti' nout' fill' d'cheux nous,
J'nous consolons, moun Etienne,
D'savoir qu'al' renter' cheux vous !...
Bon d'là d'gars, j'te dounn' ma fille,
Top'là... bon... ça v'est, mon vieux.
Vous f'rez eun' gent' famille,
Soyez bénis du Bon Ghieu.

Dessin de A. BEAUVAIS.

La Gerbaude

L A *Gerbaude!* C'est la dernière gerbe, celle que l'on dresse au faîte du char, que l'on décore de rubans, à la fin des moissons !...

Depuis la parution en librairie du *Patois berrichon*, (Crépin-Leblond à Moulins, 1903) j'ai eu le temps de rassembler une nouvelle et dernière gerbe de mots.

Je les crois caractéristiques. Les linguistes s'amuseront à rechercher les étymologies. Pour moi, c'est un jeu de patience auquel je n'ai jamais pu me livrer.

J'ai ramassé ces fleurs sauvages sans me préoccuper de leurs familles scientifiques.

Je connais le sentier, le buisson, le chaume, le bois où elles sont nées ; j'aime leurs couleurs et leur parfum ; ce sont des fleurs de *chez nous* [1], cela me suffit !   H. L.

1. Région du Haut-Berry.

Abion : essaim d'abeilles.

Abrundir (s') : se couvrir d'ombres.

A bout (être) : être à fin de bail.

Acâpi : affaissé.

Accotat : targette.

Actiounner : réveiller, exciter au divertissement.

Afront : la première planche d'un champ.

Affutiaux : robe, toilette d'une femme.

Aroler : brioler, chanter les bœufs.

Agraver : ensabler. Se dit aussi en parlant des pieds fatigués par la marche.

Agrole : corbeau.

Agoyé : églantier.

Arouble : érable.

Aloité : terrain retourné.

Ardillon : flèche, aiguillon.

Aport : assemblée, fête de village.

Ariau : charrue de forme antique à un seul bras. (On trouve *areau* dans G. Sand.)

Atfier : acquérir un bien.

Aubnuches : vérons, petits poissons.

Attrape-laquais : poires qui ne mûrissent qu'à la fin de l'hiver.

Bablot : bête à pain, vulg. cafard.

Bâfrer : manger goulûment. (*Bauffrer*, dans Rabelais.)

Balâs : coussin de paille pour la voiture.

Baillé : endroit où l'on met les balles de blé.

Batte : aire de la grange.

Baille-bé : se dit de quelqu'un qui ouvre toujours la bouche. (Sobriquet.)

Berdauger : troubler un liquide.

Biqueron : le bec d'un broc, d'un pichet.

Berrouée : Bruine. *Ça tombe une berrouée de Vendôme, il y a moitié pleue dedans !* (Locution très ancienne qui cache je ne sais quelle allusion historique.)

Beau ! Belle ! cri que l'on pousse en frappant sur un chaudron pour attirer un essaim d'abeilles et éviter d'être piqué.

Berbiages : Brebis (G. Sand). On trouve *Brebiaille :* lot de moutons, dans Chaumeau.

Biaude : blouse. (Le *bliaud* du moyen âge.)

Bique : chèvre.

Bichotière : moment de la bourrée où le cavalier embrasse sa dan-seuse.

Bicêtre : désagréable, agaçant, vif, turbulent.

Bine : dinde.

Binon : dindon.

Boite ; mauvaise boisson. (Je ne peux entrer en *bette*, — en bois-son — (RABELAIS), signifie je ne puis me mettre en train.)

Bouffer : souffler. *Bouffer* dans la cornemuse.

Bouinotte : œil-de-bœuf.

Brandigner : agiter, remuer par saccades.

Breilles : sorte de chevalet surmonté d'un levier en bois qui, retombant sur des rainures, hache le chanvre sans le couper (G. SAND). *Breiller* le chanvre.

Brûlis : landes, terrains brûlés par le soleil.

Bréchou ou *Berchou* : qui a une dent de moins sur le devant.

Bourillou : ébouriffé.

Boise : le plus petit d'une portée de cochons.

Caf : seul, unique. Un poulet *caf*, qui est resté le seul de la bande.

Cara : marchois.

Cabotte : trou dans un arbre où nichent certains oiseaux.

Cancouelle ou *Cornouelle* : châtaigne d'eau.

Cadi : cochon.

Cavarnier : batteur en grange (a aussi le sens de *factotum*).

Cuter (se) : s'asseoir.

Chatrouner : repriser des bas, reprise sur reprise.

Chachouiner : chercher des malices, taquiner.

Chambreu : cardeur.

Chabin : noir et blanc. Mouton chabin (v. JAUBERT). « Les mou-tons du Bourbonnais étaient communément appelés *chabins* parce qu'ils portaient laine grosse et longue comme poil de chèvre » (CHAUMEAU).

Chafouin : grognon.

Changni : moisi.

Chanti : ennuyé.

Chantiau : pain entamé.

Charbounian : charbonné.

Chaulter le blé : répandre sur la semence une mixture de chaux et d'eau.

Chavoué : chanvre.

Colidon : ouvrier de ville.

Couiler : grincer.

Coreiller : fermer une porte.

Cioner : dédoubler une ruche.

Chiâler : pleurer.

Cô : dindon.

Coire : corbeau.

Comblette : pirouette.

Corme : sorbe.

Couluriau : ruisseau.

Crousse! Crousse ! manière d'appeler une poule qui a des poussins.

Croster : cri de la dinde lorsqu'elle a peur.

Cycle : lien en fer servant à empêcher les sabots de bois de se fendre.

Dard : faux.

Déchantir : désennuyer.

Dégalainé : détruit. Bien tout *à la dégalaine.* Un bas tout *dégalainé* (qui s'effiloche).

Dégouliner : ruisseler, tomber goutte à goutte.

Demeurance : demeure.

Détrempe (être en) : repu. J'seus en bounne détrempe.

Défoigner : manquer.

Egotasse : pot sur lequel on met égoutter des fromages.

Emblaves, emblavures : champs semés.

Essie : petite planchette servant pour les lessives.

Ebroter : ébrécher. Elle a ébroté son sabot ; fille qui s'est mal conduite.

Enjouter : lier les bœufs.

Enjâgner le foin : l'entasser dans les coins.

Embêter une fille : la mettre à mal.

Equeniller le fumier : l'épandre.

Equenillette : fourche à trois dents pour épandre le fumier.

Fauviau : de couleur fauve.
Fondis : mauvaise toiture.
Fondue : fromage cuit.
Faraud : fier.
Fourgouner : placer un objet.
Fombreau : fumier.
Fumeriot : tison, signifie également petite fille.
Fumelle : désignation habituelle de la femme.

Gamelle : mère truie.
Gingasinier : errant, bohème.
Girande (la) : femme en couches, qui vient d'accoucher.
Glaumin : Guillaumin.
Glâ (du) : de la glace.
Gouère : gâteau de grillottes.
Ginguer : donner une ruade.
Grignaudes : petits morceaux de lard frit (rillettes) ; la soupe *à la grignaude*.
Grafigner : égratigner (VILLON).
Gnole : petite barque.
Graillon : rolon d'échelle.
Grillottes : cerises sauvages.
Goyard : outil servant à tailler les bouchures.
Guivé : gris cendré.
Grumes : larmes.

Locature : locaterie, petit bien.
Lizette : petit lézard gris.

Magnoter : toucher une chose, l'abandonner, la reprendre de nouveau.
Miche : pain blanc fait de farine de froment.
Maurin : brun et noir.
Mennetou : bohémien. On appelle ainsi des gens de rien comme étaient autrefois ceux de Mennetou-Couture, célèbres en Berry, il y a une cinquantaine d'années, pour leur vie vagabonde.
Mais : davantage. Je l'aime ben mais !

Marsaule : variété de saule.
Margué ! oui, c'est vrai !
Métresse : patronne.
Mingnouné : petit goûter à 2 heures.

Nouter : notre. Prononciation germanique des Francs.

> *J'avons qu'trois calons*
> *Dans nouter bissac,*
> *Fasons tric et trac.*

Naqueter des dents : claquer des dents.
Naquettes et *naquottes* : petites dents de bébé.
Nez-de-bœuf : gant de droguet blanc avec un pouce.

Ouvrages (les) : la moisson.

Paingot (monter à la) : faire la courte-échelle. (Paingui, Paingot, revient souvent dans les refrains populaires.)
Patouille : mélange de son, de farine de seigle et d'orge dans de l'eau que l'on donne aux chevaux.
Pipu : huppe.
Pitarnier : broc de dix litres.
Porte-coupée : porte à deux vantaux superposés, dont le plus élevé sert de fenêtre lorsqu'il est ouvert.
Pétasser : repriser des bas jusqu'à ce que ce ne soit plus qu'une reprise.
Pleinsic : enveloppe d'un lit de plume.
Préféteux : entrepreneur.

Querlot (pit) : petit pot.
Quéqua : grive.

Radillat : reste du pain cuit dans le four.

Ralut : mal plaisant, grognon.

Rancure (faire) : faire honte, dégoûter. *Y fait rancure à la volaille.*

Râpot : mettre toutes les billes dans le trou.

Rasibu : au ras.

Rassouillé : mouillé, trempé.

Ravauder : raccommoder ; signifie également chercher, fureter.

Rurser : verser de nouveau, recommencer.

Rauger : remuer, tourner une sauce sur le feu. On dit aussi, selon les endroits : *ruger, reuger.*

Sauteriau : sauterelle.

Sabouler : gronder.

Séchère : cage en lattes ou en osier, dans laquelle on met sécher les fromages.

Siler : siffler comme un serpent.

Tartiboulas : gâteau grossier.

Taçouner : trier des pommes de terre.

Tire-lambin : ronces. (On dit aussi *bricole de bergère.*)

Triou : traître.

Tourte : pain bis fait avec de la farine d'orge ou de seigle.

Torland : bêta.

Treue : truie. Se dit aussi d'un jeu qui consiste à amener une boule dans un cercle déterminé. Les adversaires armés de bâtons recourbés empêchent le joueur d'y parvenir.

Traîne : la bouchure, la haie et non le chemin, comme l'a écrit George Sand.

Treuiller : boire goulûment.

Valter : *valter de couté, d'autre :* aller et venir.

Varmé : vermeil.

Vernière : endroit planté de vernes ou d'oseraies.
Villager : aller de village en village.
Villereau : habitant de la ville.
Viouner : ronfler.
Vion : toupie.
Voyage : pèlerinage.

Yan : lien.
Yapi : vigneron.

Z'vau : petit sentier entre deux rangées d'arbres.

(Recueillis par Hugues LAPAIRE.)

Croquis de F. MAILLAUD.

Sur un Soir

L'ombre des tas de blé qui parsèment la pente
S'allonge comme un coin pénétrant dans le bois.
La lumière s'en va, lentement, déclinante,
Et l'on ne peut plus voir, sous les feuilles, les noix.

On ne distingue plus les vaches dans l'étable,
Et les derniers rayons s'écoulent du verger,
Rouges, pareils à des filets d'eau sur le sable,
Au travers de la haie et du treillis léger.

Un vieux rentre, penché comme quelqu'un qui cherche.
Mais ne cherchons-nous pas quelque chose, chacun ?
Le pied de passe-rose est droit comme une perche.
La menthe du talus nous donne son parfum.

Les derniers rayons d'or s'en vont entre les ronces ;
Les toits de la Mairie ont de grands V de feu.
Au loin des Angelus se donnent des réponses,
Et nous laissons la paix nous gagner peu à peu.

Le silence et la nuit envahissent les choses.
Puis une pomme tombe avec un bruit soudain,
Et l'on se dit, sans voir les effets ni les causes :
« Une pomme est tombée au milieu du jardin ! »

Frédéric NOUËT.

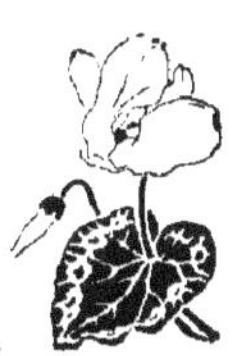

Chronique Régionaliste

Nécrologie.

La *Renaissance Provinciale* vient d'être douloureusement éprouvée par la mort de son ancien président M. *Roger-Ballu.*

Inspecteur des beaux-arts, membre de plusieurs comités et commissions ressortissant à la direction des beaux-arts, M. Roger-Ballu avait été nommé commissaire principal pour la France à l'Exposition de Chicago. Chevalier de la Légion d'honneur en 1887, auteur d'ouvrages de critique d'art et d'études sur la vie et les œuvres de peintres contemporains, il avait représenté, de 1902 à 1906 à la Chambre, comme républicain libéral, la deuxième circonscription de l'arrondissement de Pontoise.

Nous apprenons également la mort de M. *Jean-Baptiste-Ernest Pigelet,* imprimeur à Bourges, Chevalier de l'Ordre de Saint-Silvestre, à l'âge de 82 ans. Nous adressons à sa famille nos sympathiques condoléances.

Gare aux coquilles !

Notre confrère de la *Revue Picarde et Normande* commet une erreur que sa courtoisie habituelle se fera un devoir de rectifier dans un prochain numéro. Il écrit ceci :

« *La Renaissance Provinciale* donne une forme regrettable à l'éloge d'une « Chronique en vers et en prose ». Certes l'auteur peut avoir un certain talent..., barbare, mais point n'est besoin de l'employer à éreinter les autres, même ceux qui en manqueraient. Les œuvres défectueuses, s'il en est, tomberont bien d'elles-mêmes, et beaucoup de nos confrères se gardent avec raison de ce polémiste outrancier. »

Or, n'ayant jamais reçu la dite brochure, nous n'avons pu en parler. Notre confrère s'est trompé de nom, voilà tout ; mais il est assez désagréable de recevoir sur la tête les coquilles destinées... aux autres !

Les Amis du Terroir.

Très brillante réunion au café Voltaire, le 16 mai. Le groupe a fêté deux nouveaux venus qui comptent déjà parmi nos meilleurs patoisants : MM. Peltier, du Vendômois, et Colas, un fin Bourguignon.

Branchet et Chèze ont chanté le Limousin, de Beaurepaire-Froment le Cahorsin, Rapellin la Provence, Marcenac l'Auvergne, Besnard la Sologne, Hugues Lapaire le Berry et le jeune et brillant compositeur Darcieux a joué de délicieuses mélodies sur d'anciens airs Bressans.

Bibliographie.

Poésie et folie, par Anthéaune et Dromard (Paris, Octave Douin). Deux érudits, médecins aliénistes, viennent, dans un volume de plus de 600 pages, très documenté et, ce qui ne gâte pas, fort bien écrit, d'établir la communauté qui peut exister entre la poésie et un état morbide voisin de l'aliénation. C'est peu régalant pour un « enfant des Muses » mais ces scientifiques sont terribles ! Hâtons-nous de dire — ce qui consolera malheureusement bien peu de poètes ! — que ce sont les plus grands génies qui touchent la folie de plus près ! « Au point de vue de l'évolution, folie et génie puisent à la même source. » La lecture des curieuses poésies recueillies chez les fous nous laisse cependant quelque espoir : on s'aperçoit que le génie sait tout de même ce qu'il dit !

Les Ames errantes, par Mme Marie-René Le Fur (Bibliothèque régionaliste Bloud, Paris). — Mme Le Fur est allée interroger les vieilles mémoires de la presqu'île de Quiberon. Elle est revenue avec une belle moisson de légendes, de naïves histoires qui évoquent avec bonheur la couleur grise des landes mystérieuses, l'âme mélancolique de la terre armoricaine. C'est une précieuse contribution au déjà si riche folk-lore breton. En lisant ces récits on éprouve un frisson comme devant la mer méchante qui vient battre les rochers de la côte sauvage. Parfois, le conte terrifiant est traversé par le rire aigu du biniou dans l'éveil d'une chanson d'aïeule...

Moblots de Coulmiers, par Paul Besnard (Bibliothèque indépendante, Paris). — Le parfait écrivain Solognot Paul Besnard, qui nous donna *Monseigneur Roubalteau* et des contes fantastiques que l'on peut placer à côté de ceux de Wells, vient de publier des souvenirs militaires du plus haut intérêt. L'auteur était lieutenant de mobiles en 1870. Les détails qu'il nous donne offrent donc, en plus de l'humour, de la saveur d'un style toujours simple sans jamais manquer de pittoresque, ceci de précieux, c'est qu'ils sont vécus.

Memor, par Gabriel Nigond (Librairie Ollendorff). On connaît le délicieux auteur des *Contes et nouveaux contes de la Limousine*. Je n'étonnerai donc personne en disant que son dernier livre *Memor* contient autant de douce pitié, de fraîches et glorieuses images, d'inspiration renouvelée que dans les précédents. Il a su conserver, dans la forme classique, toute cette naïveté maligne qui fit le succès de ses ouvrages en parler berrichon et c'est là une grande et heureuse originalité.

Chansons del Lemouzi, par Léon Branchet (En vente chez l'auteur, 60, rue Mazarine). Combien ils méritent d'être populaires, ces chants limousins ! Et ils le seront, car ils émanent directement du sol et puisent leur sincérité dans le cœur d'un véritable artiste.

Stances, par Aug. Bouvier. Le bon Savoyard est toujours sur la brèche ! Il ne manque ni de facilité, ni de flamme. Bravo !

Pauca Paucis, par Raymond Darsiles. Je suis bien sûr que M. Darsiles ne se doute pas que sous le même titre parut, en 1904, un choix de poésies de M. Cl. Tisseur ? Mais ceci n'enlève rien à la puissance de certaines poésies qui ont le coloris d'une fresque latine de Rochegrosse, à côté de paysages d'ombre et de soleil fort joliment brossés. Les Teutons pourront apprécier certaines pages écrites dans leur langue.

L'Armoire au linge blanc, par Armand Delmas (Librairie Plon). Comme il la connaît bien, la province, M. Delmas, et que son livre a donc de fraîcheur et de vérité ! Le sujet est des plus simples : Robert Destein, jeune avocat, est venu exercer dans sa ville natale. Habitué à l'asphalte parisien, les pavés pointus d'Aurillac lui abîment les pieds... Il brûle d'envie de retourner dans la Capitale ; mais peu à peu il est gagné par les souvenirs, les belles montagnes bleues, les jolis yeux de Béatrice et il s'enracine dans son Auvergne pour toujours ! Il n'est pas utile de rechercher des intrigues compliquées pour séduire le lecteur.

Ce livre d'ailleurs fourmille de détails colorés, de silhouettes prises sur le vif : la vieille servante, la bigote qui s'effare au moindre changement dans les idées du monde, le petit médecin avec sa famille, le retraité, artistes de café-concert, etc... mœurs patriarcales, bouderies de province, thés de provinces.. C'est exact et c'est charmant ! Ouvrez donc cette vénérable armoire et vous y trouverez, parmi les piles de draps blancs, le fin bouquet de lavande qui les parfume !

A Ti à Taille, par Fernand Clas (Cherest, éditeur, Paris).

Voilà du bourguignon, salé ou sucré, comme on voudra, mais du cru le plus pur. Jamais la vigne ne fut chantée si bellement ! Mieux que toute analyse (qui prouverait en tout cas que ce vin n'est pas frelaté), la superbe eau-forte de Max Blondat résume ce livre vigoureux. On foule aux pieds, dans la grande cuve, le « teursiot » et le « gamay », et la plus jolie des bacchantes, coiffée de grappes vermeilles, rit, un peu lasse d'ivresse et de plaisir, couchée sur un tonneau.

Sous les treilles de septembre, les joyeux frelons, les délicieuses chansons de terroir, les bonnes chansons françaises !

Signalons : **Les Bandeaux d'or,** avec Paul Castiaux, Jouve, Charpentier, et Théo Varlet.

La chronique des lettres françaises, (chez Sansot) où le parfait critique Jules Bertaut défend courageusement l'honneur des Belles-Lettres.

H. L.

VIENT DE PARAITRE :

Le Pays Berrichon

par Hugues *LAPAIRE*

Bibliothèque Régionaliste, BLOUD ET Cie, 4 rue Madame, Paris

Le Gérant : A. Tardy.

Bourges. — Typ. Vve Tardy-Pigelet et Fils 15, rue Joyeuse.

CHEMINS DE FER DE L'OUEST

Voyages d'excursions.

La Compagnie des chemins de fer de l'Ouest fait délivrer pendant la saison d'été par ses gares et bureaux de ville de Paris, des billets à prix très réduits permettant aux touristes de visiter la Normandie et la Bretagne, savoir :

1° Excursion au mont Saint-Michel par Pontorson avec passage facultatif au retour par Granville.

Billets d'aller et retour valables 7 jours : 1re classe, 47 fr. 70; 2e classe, 35 fr. 75: 3e classe, 26 fr. 10 ;

2° Excursion de Paris au Havre avec trajet en bateau dans un seul sens entre Rouen et Le Havre.

Billets d'aller et retour valables 5 jours : 1re classe, 32 francs; 2e classe, 23 francs; 3e classe, 16 fr. 50.

3° Voyage circulaire en Bretagne — Billets délivrés toute l'année valables 30 jours, permettant de faire le tour de la presqu'île bretonne : 1re classe, 65 francs ; 2e classe, 50 fr.

Itinéraire. — Rennes, Saint-Malo-Saint-Servan, Dinan, Dinard-St-Enogat, Saint-Brieuc, Guingamp, Lannion, Morlaix, Roscoff, Brest, Quimper, Douarnenez, Pont-l'Abbé, Concarneau, Lorient, Auray, Quiberon, Vannes, Savenay, Le Croisic, Guérande, Saint-Nazaire, Pont-Château, Redon, Rennes.

Réduction de 40 o/o sur le tarif ordinaire accordée aux voyageurs partant de Paris pour rejoindre l'itinéraire ou en revenir.

Pour plus de renseignements, consulter le livret Guide-illustré du réseau de l'Ouest, vendu o fr. 50, dans les bibliothèques des gares de la Compagnie.

Voyages à prix réduits.

La Compagnie des chemins de fer de l'Ouest, qui dessert les stations balnéaires et thermales de la Normandie et de la Bretagne, fait délivrer jusqu'au 31 octobre, par ses gares et bureaux de ville de Paris, les billets ci-après qui comportent jusqu'à 50 o/o de réduction sur les prix du tarif ordinaire.

1° *Bains de mer et eaux thermales.*

Billets valables suivant la distance 3, 4, 10 ou 33 jours; ces derniers donnent le droit de s'arrêter pendant 48 heures à l'aller et au retour à une gare au choix de l'itinéraire suivi et peuvent être prolongés d'une ou de deux périodes de 30 jours, moyennant supplément de 10 o/o pour chaque période.

2° *Excursions sur les côtes de Normandie, en Bretagne et à l'Ile de Jersey.*

Billets circulaires valables un mois (non compris le jour du départ) et pouvant être prolongés d'un nouveau mois moyennant supplément de 10 o/o.

Dix itinéraires différents dont les prix varient entre 50 et 115 francs, en 1re classe, et 40 et 100 francs en 2e classe, permettent de visiter les points les plus intéressants de la Normandie, de la Bretagne et l'Ile de Jersey.

Pour plus de renseignements consulter le livret Guide-Illustré du réseau de l'Ouest, vendu o fr. 50 dans les bibliothèques des gares de la Compagnie.

Excursions en Bretagne.

Facilités accordées par cartes d'abonnement individuelles et de familles valables pendant 33 jours.

La Compagnie des chemins de fer de l'Ouest délivre, de la veille de la fête des Rameaux au 31 octobre, des cartes d'abonnement spéciales permettant de partir d'une gare quelconque de son réseau pour une gare au choix des lignes désignées aux alinéas ci-dessous en s'arrêtant sur le parcours ; de circuler, à son gré, pendant un mois, non seulement sur ces lignes, mais aussi sur tous leurs embranchements qui conduisent à la mer, et, enfin, une fois l'excursion terminée, de revenir au point de départ avec les mêmes facilités d'arrêt qu'à l'aller.

Carte valable sur la côte nord de Bretagne ; 1re classe, 100 francs; 2e classe, 75 francs:

Parcours : Ligne de Granville à Brest (par Folligny, Dol et Lamballe) et les embranchements de cette ligne vers la mer.

Carte valable sur la côte sud de Bretagne. 1re classe, 100 francs; 2e classe, 75 francs. Parcours : Ligne du Croisic et de Guérande à Châteaulin et les embranchements de cette ligne vers la mer.

Carte valable sur les côtes nord et sud de Bretagne. 1re classe, 130 francs; 2e classe, 95 francs. Parcours : Lignes de Granville à Brest (par Folligny, Dol et Lamballe) et de Brest au Croisic et à Guérande et les embranchements de ces lignes vers la mer.

Carte valable sur les côtes nord et sud de Bretagne et lignes intérieures situées à l'ouest de celle de Saint-Malo à Redon. 1re classe, 150 francs; 2e classe 110 francs.

Parcours : Lignes de Granville à Brest (par Folligny, Dol et Lamballe) et de Brest au Croisic et à Guérande et les embranchements de ces lignes vers la mer, ainsi que les lignes de Dol à Redon, de Messac à Ploërmel, de Lamballe à Rennes, de Dinan à Questembert, de Saint-Brieuc à Auray, de Loudéac à Carhaix, de Morlaix et de Guingamp à Resporden.

Société Algérienne de Sondages rapides et de Recherches Minières

Société Anonyme en formation devant fonctionner sous le régime de la législation française

SIÉGE SOCIAL A PARIS : 15, Rue Saint-Florentin

La Notice prescrite par la loi de finances du 30 janvier 1907, a été insérée dans le bulletin annexe au Journal Officiel *en date du 13 mai 1907, n° 11.*

La question de l'eau préoccupe constamment la population algérienne, celle des villes aussi bien que celle des centres de colonisation et des fermes. Elle est l'objet de toute la sollicitude du Gouvernement général. Les délégations financières et les conseils généraux, de leur côté, se font un devoir, à chacune de leurs sessions, de transmettre à cet égard aux pouvoirs publics, sous forme de vœux, les doléances des habitants. Une entreprise telle que la **Société Algérienne de Sondages rapides et de Recherches minières**, ayant pour but de procurer, vite et économiquement, aux cultivateurs, aux industriels et aux citadins les eaux qui leur manquent, sera donc nécessairement une bonne affaire, en même temps qu'une œuvre d'utilité publique.

Sans doute, on a songé depuis longtemps, dans la colonie, à utiliser les eaux des nappes souterraines, et, en fait, de nombreux puits ont été creusés jusqu'ici en Algérie, où ils ont rendu de grands services ; mais les résultats obtenus auraient été incomparablement plus fructueux si l'on avait pu disposer d'appareils perfectionnés, permettant d'atteindre les nappes profondes. Au moyen de l'outillage peu pratique employé jusqu'à ce jour on a établi, au prix de travaux longs et coûteux, des puits ne donnant de l'eau que par intermittences, c'est-à-dire jusqu'à épuisement des nappes superficielles, qui seules avaient été atteintes.

Ces inconvénients ont depuis longtemps attiré l'attention de M. BAILLY, géologue et entrepreneur de sondages, qui a consacré de longues années à la pratique de son industrie, tant en Algérie que dans le midi de la France. Après avoir étudié sur place, notamment en Autriche, où l'on ne trouve le naphte qu'à des profondeurs de 600 à 800 mètres, le fonctionnement des appareils rapides qui sont utilisés dans cette région, il a acquis la conviction que leur emploi en Algérie, où la nature des couches à traverser est très favorable à leur fonctionnement, permettrait de procurer à la colonie les eaux qui lui manquent, d'accroître ainsi sa richesse et de contribuer au bien-être des habitants.

M. Bailly a donc résolu de créer une société anonyme dont il aura la direction technique. Cette société fera l'acquisition du matériel nécessaire et aura pour objet en tous pays, principalement en Algérie :

1° La recherche, le cuvelage, l'extraction et l'adduction des eaux nécessaires pour les besoins domestiques, industriels et agricoles (puits artésiens, puits forés, puits instantanés),

2° Les recherches minéralogiques, les sondages pour études de travaux publics et pour travaux géologiques.

3° La recherche et l'extraction du pétrole.

4° Généralement, toutes opérations se rattachant à l'industrie des sondages.

Le fonds social est fixé à **400.000 francs**, et divisé en **quatre mille actions de 100 francs** chacune, dont 500 entièrement libérées sont attribuées à M. Bailly, apporteur. Les 3.500 actions de surplus sont émises contre espèces et doivent être libérées du quart au moins, soit 25 francs, au moment de leur souscription. Les trois autres quarts seront exigibles aux époques et dans les délais à fixer par le Conseil d'Administration.

Il n'est pas créé de parts de fondateur.

Les bénéfices, après prélèvement des frais généraux, des amortissements et de toutes autres charges sociales, seront répartis de la manière suivante :

1° Cinq pour cent à la réserve légale, jusqu'à ce qu'elle ait atteint un cinquième du capital ;

2° Somme suffisante pour servir un intérêt de 5 pour o/o au capital ;

Le surplus sera attribué :

1° Au Conseil d'Administration, 10 pour o/o ;

2° Aux amortissements et réserves extraordinaires, les sommes votées par l'Assemblée générale.

Ces prélèvements faits, le solde reviendra aux actionnaires.

Avec le matériel utilisé actuellement, le forage d'un puits de 100 mètres, dans des terrains calcaires, exige un an de travail. Les appareils perfectionnés qu'emploiera la Société permettront de forer, en moins de six mois, un puits tubé de 600 mètres de profondeur. Il sera donc facile, tout en consentant des réductions très appréciables sur les prix pratiqués jusqu'à ce jour, de réaliser *des bénéfices permettant d'attribuer aux actions un* **dividende minimum de 15 à 20 0/0.**

La Société, d'autre part, prendra les dispositions nécessaires en vue de se réserver des intérêts dans l'exploitation éventuelle des richesses minières qu'elle viendrait à découvrir. C'est ce qu'ont fait des sociétés similaires à l'étranger qui, après des débuts modestes, sont aujourd'hui très riches. Il peut y avoir là, pour l'avenir, un élément de très grande prospérité.

En résumé, la *Société Algérienne de Sondages rapides et de Recherches minières* est une affaire sérieuse, constituée sans majoration, sans parts de fondateur, dont tous les bénéfices par conséquent reviendront aux actionnaires. Elle sera très honnêtement administrée par des hommes compétents ; elle présente de brillantes perspectives d'avenir et les capitalistes soucieux de leurs intérêts peuvent souscrire ses actions en toute sécurité. Ils feront ainsi une bonne affaire, tout en s'associant à une entreprise d'utilité publique.

Pour tous renseignements, s'adresser au siège social : 15, rue Saint-Florentin à Paris, à M. DALLOZ ✳, ancien directeur des Contributions diverses du département d'Alger, qui est chargé de centraliser les souscriptions.

❧ ❧ ❧ ❧

La Renaissance Provinciale de France a été créée dans le but de faire revivre par toutes sortes de manifestations (expositions, conférences, auditions, représentations), les œuvres d'art, chants, danses, coutumes, traditions, ainsi que la littérature de nos Provinces françaises.

Elle s'entendra avec tous les groupements provinciaux pour reconstituer à l'aide des documents historiques, artistiques et pittoresques en leur possession, l'originalité, le caractère propres à chaque région.

La Renaissance Provinciale de France, en dehors de toutes préoccupations politiques ou religieuses, est placée sous le haut patronage d'un Comité composé à dessein de notabilités, d'artistes et d'écrivains connus par leurs tendances régionalistes.

Ses manifestations puisées aux sources de l'art populaire provincial offriront au public toute garantie d'exactitude.

Le but de cette tentative éminemment française et de si grande opportunité intéressant particulièrement la jeunesse et les milieux populaires, il sera donné des séances à prix réduits afin d'en faciliter à tous le spectacle.

Les régions intéressées offriront leur concours dans la mesure de leurs moyens.

Nous attendons le plus grand bien de ces manifestations de l'art provincial, art qui puise ses origines dans les profondeurs de la race et de l'histoire. En exaltant devant le peuple le génie distinct de chacune de nos provinces, nous pensons réveiller les énergies locales, les ramener à la pureté du goût français, et sauvegarder ainsi la force et la beauté nationales.

Pour tous renseignements, écrire au Secrétariat général, 103, rue de la Boëtie, Paris

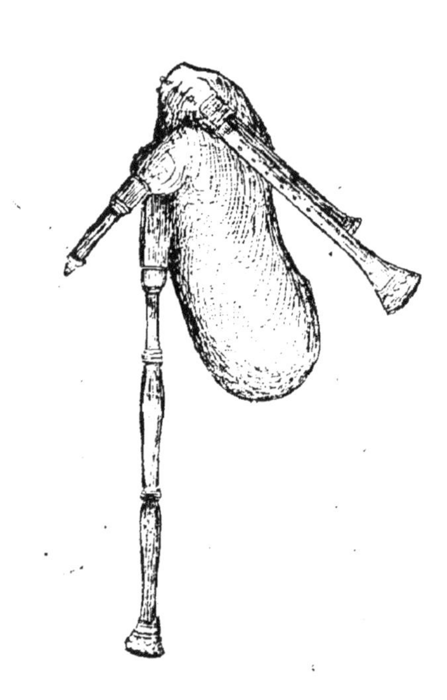

❧ ❧ ❧ ❧

La Renaissance Provinciale de France a été créée dans le but de faire revivre par toutes sortes de manifestations (expositions, conférences, auditions, représentations), les œuvres d'art, chants, danses, coutumes, traditions, ainsi que la littérature de nos Provinces françaises.

Elle s'entendra avec tous les groupements provinciaux pour reconstituer à l'aide des documents historiques, artistiques et pittoresques en leur possession, l'originalité, le caractère propres à chaque région.

La Renaissance Provinciale de France, en dehors de toutes préoccupations politiques ou religieuses, est placée sous le haut patronage d'un Comité composé à dessein de notabilités, d'artistes et d'écrivains connus par leurs tendances régionalistes.

Ses manifestations puisées aux sources de l'art populaire provincial offriront au public toute garantie d'exactitude.

Le but de cette tentative éminemment française et de si grande opportunité intéressant particulièrement la jeunesse et les milieux populaires, il sera donné des séances à prix réduits afin d'en faciliter à tous le spectacle.

Les régions intéressées offriront leur concours dans la mesure de leurs moyens.

Nous attendons le plus grand bien de ces manifestations de l'art provincial, art qui puise ses origines dans les profondeurs de la race et de l'histoire. En exaltant devant le peuple le génie distinct de chacune de nos provinces, nous pensons réveiller les énergies locales, les ramener à la pureté du goût français, et sauvegarder ainsi la force et la beauté nationales.

Pour tous renseignements, écrire au Secrétariat général, **103, rue de la Boëtie, Paris**

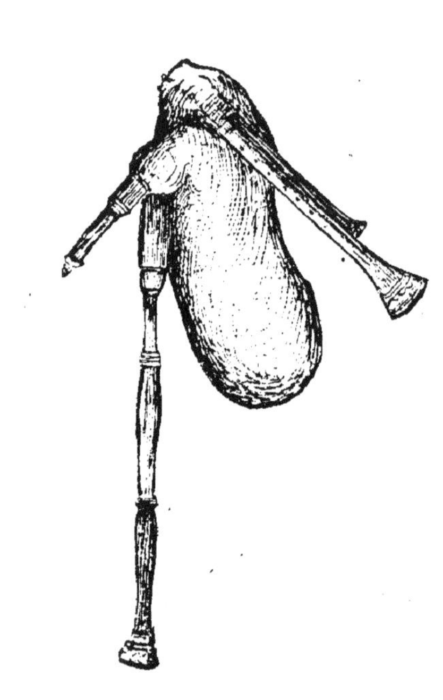

⚜ ⚜ ⚜ ⚜

La Renaissance Provinciale de France a été créée dans le but de faire revivre par toutes sortes de manifestations (expositions, conférences, auditions, représentations), les œuvres d'art, chants, danses, coutumes, traditions, ainsi que la littérature de nos Provinces françaises.

Elle s'entendra avec tous les groupements provinciaux pour reconstituer à l'aide des documents historiques, artistiques et pittoresques en leur possession, l'originalité, le caractère propres à chaque région.

La Renaissance Provinciale de France, en dehors de toutes préoccupations politiques ou religieuses, est placée sous le haut patronage d'un Comité composé à dessein de notabilités, d'artistes et d'écrivains connus par leurs tendances régionalistes.

Ses manifestations puisées aux sources de l'art populaire provincial offriront au public toute garantie d'exactitude.

Le but de cette tentative éminemment française et de si grande opportunité intéressant particulièrement la jeunesse et les milieux populaires, il sera donné des séances à prix réduits afin d'en faciliter à tous le spectacle.

Les régions intéressées offriront leur concours dans la mesure de leurs moyens.

Nous attendons le plus grand bien de ces manifestations de l'art provincial, art qui puise ses origines dans les profondeurs de la race et de l'histoire. En exaltant devant le peuple le génie distinct de chacune de nos provinces, nous pensons réveiller les énergies locales, les ramener à la pureté du goût français, et sauvegarder ainsi la force et la beauté nationales.

Pour tous renseignements, écrire au Secrétariat général, 103, rue de la Boëtie, Paris

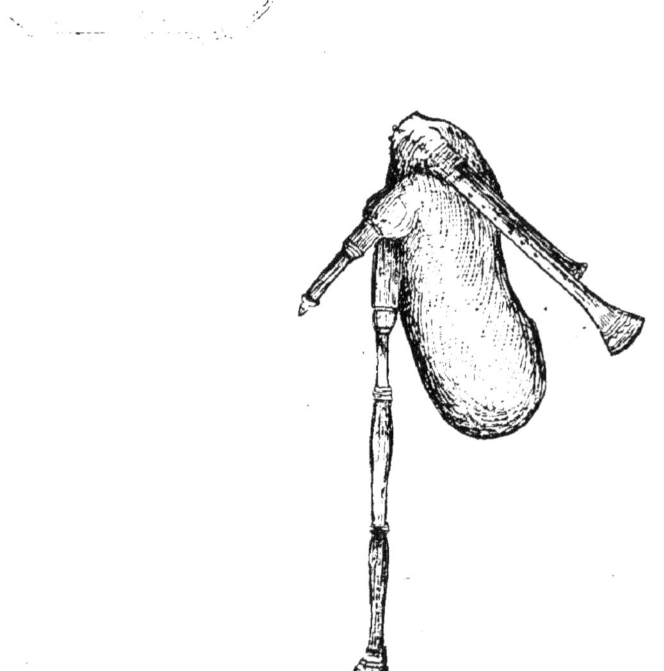

Directeur : D^r Le Fur.

Bulletin mensuel illustré

Secrétaire de la Rédaction : Hugues Lapaire.

Principaux collaborateurs : Jean Aicard, Gustave d'Artoys, Henri Bachelin, Jean Bach-Sisley, Jean Baffier, Maurice Barrès, Edouard Beaufils, De Beaurepaire-Froment, Paul Besnard, Joseph Bonneton, Th. Botrel, Aug. Bouvier, Noël Broërec'h, Charles-Brun, Charpin, Raymond Clauzel, E. Delbousquet, Vincent Détharé, Petrus Durel, François Fabié, Pierre do Faure, H. Feige, Ch. Th. Féret, F. Fertiault, Ch. Franhor, A. Gaud, F. Gélard, A.-M. Gossez, Ch. Grandmougin, Albert Grimaud, Paul Harel, E. Hinzelin, Paul-Hubert, Vincent d'Indy, Jaffrennou, Yvonne de Kerhostin, Raoul Lafagette, Jean Lahor, Ch. Lamy, Anatole Le Braz, Ch. Le Goffic, E. Lante, Léo Larguier, Philéas Lebesgue, André Macaigne, Maratuech, Et. Marcenac, Paul Meunier, Ed. Michaud, A. Millien, Fréd. Mistral, A. Navarre, Gabriel Nigond, Pierre de Nolhac, Louis de Nussac, Nolent, Normandy, Anne Osmont, Jos Parker, Plantadis, Poinsot, Ch. de Pomairols, Jacques Rougé, Paul Sébillot, J.-M. Simon, Stenger, Firmin Roz, Raymond Tabournel, André Theuriet, M. Thiéry, Marius Versepuy, Yvonnik.

Dessinateurs : Beauvais, Boiry, V. Bourgeois, Eug. Cadel, Forges, Maillaud, Malo-Renault, H. Morin, Robert Sallés.

❧ ❧ ❧ ❧

La Renaissance Provinciale de France a été créée dans le but de faire revivre par toutes sortes de manifestations (expositions, conférences, auditions, représentations), les œuvres d'art, chants, danses, coutumes, traditions, ainsi que la littérature de nos Provinces françaises.

Elle s'entendra avec tous les groupements provinciaux pour reconstituer à l'aide des documents historiques, artistiques et pittoresques en leur possession, l'originalité, le caractère propre à chaque région.

La Renaissance Provinciale de France, en dehors de toutes préoccupations politiques ou religieuses, est placée sous le haut patronage d'un Comité composé à dessein de notabilités, d'artistes et d'écrivains connus par leurs tendances régionalistes.

Ses manifestations puisées aux sources de l'art populaire provincial offriront au public toute garantie d'exactitude.

Le but de cette tentative éminemment française et de si grande opportunité intéressant particulièrement la jeunesse et les milieux populaires, il sera donné des séances à prix réduits afin d'en faciliter à tous le spectacle.

Les régions intéressées offriront leur concours dans la mesure de leurs moyens.

Nous attendons le plus grand bien de ces manifestations de l'art provincial, art qui puise ses origines dans les profondeurs de la race et de l'histoire. En exaltant devant le peuple le génie distinct de chacune de nos provinces, nous pensons réveiller les énergies locales, les ramener à la pureté du goût français, et sauvegarder ainsi la force et la beauté nationales.

Pour tous renseignements, écrire au Secrétariat général, 103, rue de la Boëtie, Paris

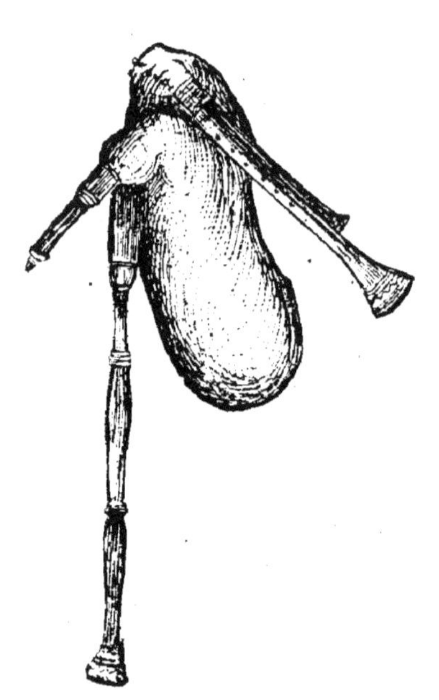

Ils donnent droit à deux arrêts en cours de route, tant à l'aller qu'au retour.

DE PARIS A NICE

1re classe........................ ..... **182** fr. **60**

2e classe...................... .... **131** fr. **50**

CHEMINS DE FER DE PARIS-LYON-MÉDITERRANÉE

La Compagnie organise avec le concours de l'Agence Lubin les excursions suivantes :

1° Bords de la Méditerranée
Carnaval de Nice

DU 21 FÉVRIER AU 7 MARS 1908

PRIX (Tous frais compris) :

1re CLASSE.............. **505** fr. | 2e CLASSE............. **455** fr.

2° Nice. — Fêtes du Carnaval

DU 26 FÉVRIER AU 6 MARS 1908

PRIX (tous frais compris) : 2e CLASSE..................... **325** fr.

3° Tunisie-Algérie

DU 27 FÉVRIER AU 28 MARS 1908

PRIX (tous frais compris) :

1re CLASSE.............. **1150** fr. | 2e CLASSE............. **1010** fr.

4° Italie

DU 25 FEVRIER AU 26 MARS 1908

PRIX (tous frais compris) :

1re CLASSE.............. **1050** fr. | 2e CLASSE............. **950** fr.

S'adresser, pour renseignements et billets, **aux bureaux de l'AGENCE LUBIN, 36, Boulevard Haussmann, Paris.**

Membres du Comité :

MM. Ackermann ; Gabriel Audiat ; de Beaurepaire-Froment, directeur de la *Revue du Traditionnisme ;* Jean Bertot, secrétaire général de *La Pomme ;* Billiet ; de Boisandré ; Louis Bonnet, directeur de l'*Auvergnat de Paris ;* Mlle Bressac ; Charles-Brun, directeur de l'*Action régionaliste ;* Cagninacci ; de Castéra ; Frédéric Charpin ; Champion ; du Closel ; Pétrus Durel ; Paul Eychène, secrétaire-général de l'*Association Toulousaine de Paris ;* Farges ; Ferlet ; Ferdinand Gibault ; Grandon, directeur de la *Défense Normande ;* Paul Graziani ; Dr Grossard, président de l'*Union des deux Charentes ;* Guillouard ; Jacques Hébertot, directeur de l'*Ame Normande ;* Mme de Laprade ; Vte de la Laurencie ; Maurice Leclercq, rédacteur à l'*Autorité ;* P. Margueritte ; Joseph Massot ; Legrand de Lacour ; Machart ; Médan ; Jules Michel ; F. Monnot, président de la Société *Les Francs-Comtois,* à Paris ; de Montardy ; Mme Moscher ; A. Navarre, directeur de l'*Union Pyrénéenne ;* E. de Noirmont ; Louis de Nussac ; Georges Oble ; Dr Rondeau ; Paul de Saunières ; Siné, président du *Roussillon ;* Surcouf ; Adrien de Villemereuil ; de Villers.

Directeur : D^r Le Fur.

Bulletin mensuel illustré

Secrétaire de la Rédaction : Hugues Lapaire.

Principaux collaborateurs . Jean Aicard, Gustave d'Artoys, Henri Bachelin, Jean Bach-Sisley, Jean Baffier, Maurice Barrès, Edouard Beaufils, De Beaurepaire-Froment, Léopold Bernard, Paul Besnard, Joseph Bonneton, Th. Botrel, Aug. Bouvier, Noël Broërec'h, Charles-Brun, Charpin, Raymond Clauzel, G. Clouzet, E. Delbousquet, Vincent Détharé, G. Droux. Petrus Durel, François Fabié, Pierre do Faure, H. Feige. Ch. Th. Féret, F. Fertiault, Ch. Franhor, A. Gaud, F. Gélard, A.-M. Gossez, Ch. Grandmougin, Albert Grimaud. Paul Harel, E. Hinzelin, Paul-Hubert, Vincent d'Indy, Jaffrennou, Yvonne de Kerhostin, Raoul Lafagette, Jean Lahor, Ch. Lamy, Anatole Le Braz, Ch. Le Goffic, E. Lante. Léo Larguier, Philéas Lebesgue, André Macaigne, Maratuech, Et. Marcenac, Paul Meunier, Ed. Michaud. A. Millien, Fréd. Mistral, A. Navarre, Gabriel Nigond, Pierre de Nolhac, Louis de Nussac, Nolent, Normandy, Anne Osmont, Jos Parker, Plantadis. Poinsot, Ch. de Pomairols. Jacques Rougé. Paul Sébillot, Stenger, Firmin Roz, Raymond Tabournel, André Theuriet. M. Thiéry, Marius Versepuy, Yvonnik.

Dessinateurs : Beauvais, Boiry, V. Bourgeois, Eug. Cadel, Maillaud. Mahe Renault, H. Morin, Robert Sallés.

❧ ❧ ❧ ❧

La Renaissance Provinciale de France a été créée dans le but de faire revivre par toutes sortes de manifestations expositions, conférences, auditions, représentations, les œuvres d'art, chants, danses, coutumes, traditions, ainsi que la littérature de nos Provinces françaises.

Elle s'entendra avec tous les groupements provinciaux pour reconstituer à l'aide des documents historiques, artistiques et pittoresques en leur possession, l'originalité, le caractère propres à chaque région.

La Renaissance Provinciale de France, en dehors de toutes préoccupations politiques ou religieuses, est placée sous le haut patronage d'un Comité composé à dessein de notabilités, d'artistes et d'écrivains connus par leurs tendances régionalistes.

Ses manifestations puisées aux sources de l'art populaire provincial offriront au public toute garantie d'exactitude.

Le but de cette tentative éminemment française et de si grande opportunité intéressant particulièrement la jeunesse et les milieux populaires, il sera donné des séances à prix réduits afin d'en faciliter à tous le spectacle.

Les régions intéressées offriront leur concours dans la mesure de leurs moyens.

Nous attendons le plus grand bien de ces manifestations de l'art provincial, art qui puise ses origines dans les profondeurs de la race et de l'histoire. En exaltant devant le peuple le génie distinct de chacune de nos provinces, nous pensons réveiller les énergies locales, les ramener à la pureté du goût français, et sauvegarder ainsi la force et la beauté nationales.

Pour tous renseignements, écrire au Secrétariat général, 103, rue de la Boëtie, Paris

❦ ❦ ❦ ❦

La Renaissance Provinciale de France a été créée dans le but de faire revivre par toutes sortes de manifestations (expositions, conférences, auditions, représentations , les œuvres d'art, chants, danses, coutumes, traditions, ainsi que la littérature de nos Provinces françaises.

Elle s'entendra avec tous les groupements provinciaux pour reconstituer à l'aide des documents historiques, artistiques et pittoresques en leur possession, l'originalité, le caractère propres à chaque région.

La Renaissance Provinciale de France, en dehors de toutes préoccupations politiques ou religieuses, est placée sous le haut patronage d'un Comité composé à dessein de notabilités, d'artistes et d'écrivains connus par leurs tendances régionalistes.

Ses manifestations puisées aux sources de l'art populaire provincial offriront au public toute garantie d'exactitude.

Le but de cette tentative éminemment française et de si grande opportunité intéressant particulièrement la jeunesse et les milieux populaires, il sera donné des séances à prix réduits afin d'en faciliter à tous le spectacle.

Les régions intéressées offriront leur concours dans la mesure de leurs moyens.

Nous attendons le plus grand bien de ces manifestations de l'art provincial, art qui puise ses origines dans les profondeurs de la race et de l'histoire. En exaltant devant le peuple le génie distinct de chacune de nos provinces, nous pensons réveiller les énergies locales, les ramener à la pureté du goût français, et sauvegarder ainsi la force et la beauté nationales.

Pour tous renseignements, écrire au Secrétariat général, 103, rue de la Boëtie, Paris

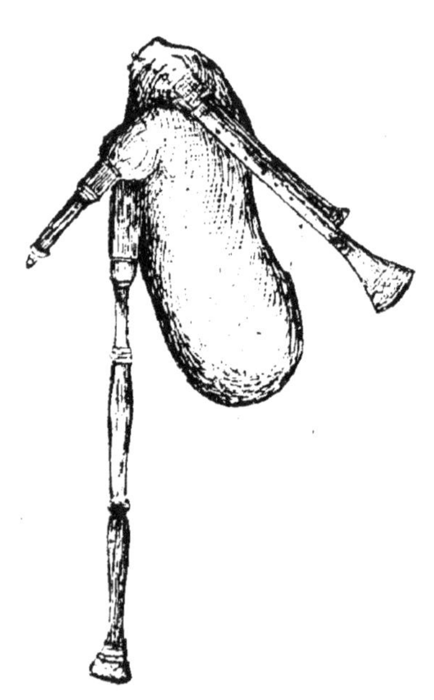

Régates Internationales de Nice et de Cannes
VACANCES DE PAQUES

Billets d'Aller et Retour de 1re et de 2e classes, à Prix réduits
délivrés du 2 Mars au 22 Avril 1908

Paris à Cannes : 1re CLASSE... **177** fr. **40**   2e CLASSE... **127** fr. **75**
» **à Nice :** 1re CLASSE... **182** fr **60**   2e CLASSE... **131** fr. **50**
» **à Menton :** 1re CLASSE... **186** fr. **65**   2e CLASSE... **134** fr. **40**

Validité : 20 jours avec faculté de prolongation une ou deux fois de 10 jours moyennant supplément de 10 o/o par période.

Droit à deux arrêts en cours de route à l'aller et au retour.

Admission des porteurs de billets de 1re classe, sans supplément, dans le *Côte d'Azur Rapide* et dans le *Train de nuit extra-rapide.*

Toutefois les voyageurs empruntant le *Côte d'Azur rapide* ne pourront profiter de la faculté des arrêts qu'à partir de Marseille à l'aller ; au retour aucun arrêt ne sera autorisé.

CHEMINS DE FER DE PARIS-LYON-MÉDITERRANÉE

La Compagnie organise, avec le concours de l'*Agence LUBIN*, les excursions suivantes :

ITALIE
du 18 Mars au 17 Avril 1908
PRIX (*tous frais compris*) : 1re CLASSE, **1.080** fr. — 2e CLASSE, **900** fr.

NAPLES, SICILE & NAPLES
départs de Paris, les 25 Mars et 15 Avril 1908
PRIX (*tous frais compris*) : 1re CLASSE, **1.100** fr. — 2e CLASSE, **1.000** fr.

BORDS DE LA MÉDITERRANÉE
du 11 au 26 Avril 1908
PRIX (*tous frais compris*) : 1re CLASSE, **550** fr. — 2e CLASSE, **500** fr.

ITALIE (Semaine Sainte à Rome)
du 13 Avril au 13 Mai 1908
PRIX (*tous frais compris*) : 1re CLASSE, **1.090** fr. — 2e CLASSE, **990** fr.

HAUTE ITALIE & LACS ITALIENS
du 29 Avril au 24 Mai 1908
PRIX (*tous frais compris*) : 1re CLASSE, **980** fr. — 2e CLASSE **890** fr.

S'adresser, pour renseignements et billets, aux bureaux de l'Agence **LUBIN, 36, Boulevard Haussmann, à Paris.**